BEI GRIN MACHT SICH IHR WISSEN BEZAHLT

AF153572

- Wir veröffentlichen Ihre Hausarbeit,
  Bachelor- und Masterarbeit

- Ihr eigenes eBook und Buch -
  weltweit in allen wichtigen Shops

- Verdienen Sie an jedem Verkauf

Jetzt bei www.GRIN.com hochladen und kostenlos publizieren

Der Tugendbegriff in der Ethik

Wie wird der Begriff "Tugend" in klinischen Kontexten gehandhabt?

Justin Janning

Bibliografische Information der Deutschen Nationalbibliothek:

Die Deutsche Nationalbibliothek verzeichnet diese Publikation in der Deutschen Nationalbibliografie; detaillierte bibliografische Daten sind im Internet über http://dnb.d-nb.de abrufbar.

ISBN: 9783389116272
Dieses Buch ist auch als E-Book erhältlich.

Druck und Bindung: Books on Demand GmbH, Norderstedt Germany
Gedruckt auf säurefreiem Papier aus verantwortungsvollen Quellen

Das vorliegende Werk wurde sorgfältig erarbeitet. Dennoch übernehmen Autoren und Verlag für die Richtigkeit von Angaben, Hinweisen, Links und Ratschlägen sowie eventuelle Druckfehler keine Haftung.

Das Buch bei GRIN: https://www.grin.com/document/1566364

WWU Münster – Fachbereich 08 – Philosophisches Seminar

Seminar: Klinische Ethik
Wintersemester 2016/17

Der Tugendbegriff in der Ethik
Wie wird der Begriff „Tugend" in klinischen Kontexten gehandhabt?

Justin Janning

Inhaltsverzeichnis

1. Einleitung

Diese schriftliche Arbeit wird sich mit dem Begriff der Tugend befassen und entsteht im Rahmen eines Seminars zum Thema der klinischen Ethik. Daher soll das Ziel dieser Arbeit sein herauszufinden, wie dieser Tugendbegriff vor allem in dieser philosophischen Disziplin verwendet wird.

Um dieses Ziel zu erreichen, widme ich mich zunächst dem Versuch eine Definition für den Tugendbegriff zu finden, um eine Vorstellung von dem Gegenstand zu vermitteln der hier untersucht wird.

Daraufhin möchte ich mich auf die Disziplin der Ethik fokussieren. Ich halte das Durchdringen dieses Themengebietes für wichtig, da es als Art von Auslegungsbereich für Tugenden betrachtet werden kann und essentiell für die Entscheidung ist, ob eine Tugend vorliegt, wie diese zu gewichten ist und ob sie in einer Situation Anwendung findet.

Dabei werde ich versuchen zunächst einige rein philosophische Ethiken zu erörtern und auf verschiedene Standpunkte eingehen, die erklären und beschreiben wie wir mit Tugenden umgehen sollten. Auch der Begriff der Moral soll dabei Beachtung finden.

Im Speziellen möchte ich das Feld der Moralphilosophie ansprechen umso eine Überleitung zum Kernthema dieser Arbeit herzustellen, der klinischen Ethik und die Art und Weise wie sie Tugenden rezipiert.

Dazu gehe ich vor allem auf ein Positionspapier ein, welches eigens für diese Zwecke konzipiert wurde und daher bereits Handlungsrichtlinien enthält. Ich möchte erörtern wie Tugenden in diesem Positionspapier untergebracht werden und ob die dort aufgeschriebenen Vorgehensweisen sinnvoll und umsetzbar sind. Entsprechend werde ich das Papier kommentieren.

Abschließend soll eine Zusammenfassung der Arbeit stattfinden und eine Antwort auf die im Titel formulierte Frage gefunden werden: Wie ist denn nun die Tugend zu verstehen und wie wird in klinischen Kontexten mit ihr umgegangen? Welchen Stellenwert hat Tugend in klinischer Ethik, wie ist der Umgang vorgeschrieben, wie wird dieser eingehalten und ist er sinnvoll?

2. Ein Definitionsversuch für den Begriff der Tugend

Zum ersten Überblick soll ein Blick in den Duden eine Vorstellung des Tugendbegriffes vermitteln. Die für uns relevante Definition benennt Tugend als eine „sittlich wertvolle Eigenschaft (eines Menschen)".[1]

Weiterhin werden diese Eigenschaften durch Beispiele in vier Gruppen gegliedert. So erhalten menschliche Charakterzüge, wie Gerechtigkeit und Aufrichtigkeit ihre eigenen Tugenden und bilden die erste Untergruppe.[2]

Die zweite Gruppe beschreibt Tugenden im Kontext von gesellschaftlichen Strukturen, sei es religiöser oder staatlicher, beziehungsweise politischer Natur. Beispielhaft genannt seien christliche und sozialistische Strukturen.[3]

Als drittes werden geschlechterbezogene Tugenden, aber auch jene im militärischen Zusammenhang genannt.[4] Diese Gruppe ist damit der zuvor genannten recht ähnlich. Beide umfassen feststehende Kriterien aus dem Umfeld eines Menschen, denen es sich nur schwer zu entziehen gilt.

Die letzte Gruppe weist individuelle Tugenden auf die jeder Mensch in sich trägt.[5] Damit beschreibt sie ein ähnliches Szenario wie die zuerst genannte Gruppe, die sich auch auf Eigenschaften bezieht die stark vom Charakter eines Menschen abhängig sind und weniger durch sein Umfeld bestimmt werden.

Ebenso interessant wie diese anfänglichen Beschreibungen sind einige Synonyme. So ist die Rede von Anständigkeit und Makellosigkeit, vor allem aber von der Moral.[6] Diese ist zu verstehen als „Gesamtheit von ethisch-sittlichen Normen […] die das zwischenmenschliche Verhalten einer Gesellschaft regulieren [und] von ihr als verbindlich akzeptiert werden.[7]

So nähern wir uns also dem Themengebiet der Ethik an. Diese scheint Moralvorstellungen oder auch die Ideen verschiedener Tugenden in sich zu vereinen und in Relation zueinander zu setzen.

---

[1] http://www.duden.de/rechtschreibung/Tugend.
[2] Ebd.
[3] Ebd.
[4] Ebd.
[5] Ebd.
[6] Ebd.
[7] http://www.duden.de/rechtschreibung/Moral.

Einen weiteren Definitionsansatz soll der Artikel *Tugend* von Dr. Thomas Zwenger liefern. In diesem beschreibt er Tugend als „die Einheit von Wissen um das sittlich Gute und der Bereitschaft und Tatkraft, dieses zu verwirklichen."[8] Er ergänzt somit unser bisheriges Verständnis der Tugend als gute Absicht, um die Motivation diese Absicht auch auszuführen. Dies halte ich für sinnvoll, die reine Gesinnung sich moralisch richtig zu Verhalten erscheint sinnlos, wenn keine Taten folgen. Erst diese Umsetzungen von moralischen Konzepten verleihen ihnen ihre Gültigkeit.

Ziel dieser Taten sei nun, das größte Glück zu erhalten. Zwenger referiert hier Aristoteles und versucht dessen Auffassung von einer Definition des höchsten Gutes wiederzugeben. Für uns soll genügen, dass „das höchste Gut, das dem Menschen gattungsmäßig möglich ist, in der Vernunft lieg[t]" und es verschiedene Arten dieser Güter gibt.[9] Genannt werden die rein körperliche Lust, das Glück das einer Tätigkeit entspringt und jenes Glück der Vernunftbestätigung, welches theoretischer Natur ist.[10]

Da wir nun ein generelles Bild der Tugend oder Moral in ihren verschiedenen Facetten gewonnen haben, können wir uns dem Thema widmen, wie diese verschieden sittlichen Eigenschaften eines Menschen erreicht und umgesetzt werden können.

3. Ethik als Auslegungsbereich für Tugenden

3.1 Philosophische Ethiken

Zwenger verlässt sich auch bei dieser Frage auf Aristoteles und nimmt Bezug auf dessen Tugendlehre, wie sie in dessen Buch II der Nikomachischen Ethik zu finden ist.

---

[8] Zwenger, Thomas, *Tugend* in: Handwörterbuch Philosophie. Hg. v. Wulff D. Rehfus. 1. Aufl., Vandenhoeck & Ruprecht / utb. ISBN 978-3-8252-8208-0. © 2003 Vandenhoeck & Ruprecht GmbH & Co. KG, Göttingen, Oakville; Online-Version: http://www.philosophie-woerterbuch.de/online-woerterbuch/?tx_gbwbphilosophie_main%5Bentry%5D=905&tx_gbwbphilosophie_main%5Bacti on%5D=show&tx_gbwbphilosophie_main%5Bcontroller%5D=Lexicon&cHash=2e027c04ad146e 0cda79b8e0a8f7e949.
[9] Ebd.
[10] Ebd.

So könne die Tugend, laut Aristoteles auf zwei verschiedene Weisen erworben werden: Zunächst wird die ethische Tugend erwähnt, welche durch Gewöhnung erworben werden kann und wird abgegrenzt gegenüber der dianoëtischen Tugend, die durch Lernen anzueignen ist.[11]

Tugend unterliegt hier also einem Lernprozess und ist nicht von Geburt an vorhanden.[12] Das äußere Umfeld spielt also nach Aristoteles für das eigene Verständnis von Tugenden eine Rolle. Das Individuum an sich scheint hier die Wahl zu haben, wie weit eine tugendhafte Einstellung übernommen wird und behält Raum für kritische Reflexion der gelehrten Werte. Solange eine Person also zu solchen Selbstreflexionen fähig ist, können Tugenden subjektive Stellenwerte einnehmen.

Wie aber können wir diese Individuen in Einklang bringen, wenn es darum eine tatsächliche Handlung auszuführen. Welche Tugend sollte entscheidender Motivator sein? Wie kann ein Mensch dies herausfinden?

Nach Kant beispielsweise, bedeutet Tugend „Stärke in der Selbstbeherrschung und Selbstüberwindung in Ansehung der moralischen Gesinnung."[13] Diese moralische Gesinnung sei nichts weiter als ein Handeln aus Pflicht, nur um der Pflicht willen.[14] Dieses Handeln aus Pflicht fordert Kant gegenüber einer Maxime ein und lehnt eine Neigung als Handlungsgrund ab.[15]

Die allgemeine Gültigkeit einer Maxime ist oberstes Gebot und die simple Neigung eines Menschen aus Gründen seines Begehrungsvermögens könne, so Bräuer, niemals anerkannt werden.[16] Eine begründete Maxime allein, ist für Kant jedoch nicht allein Maßstab für eine Handlungsbeurteilung, sondern auch die Gesinnung danach sie auszuführen, weil es die eigene Pflicht ist dies zu tun.[17]

Ein Handeln entgegen einer solchen Maxime wäre also nicht möglich.

---

[11] Zwenger, 2003.
[12] Ebd.
[13] Ebd.
[14] Ebd.
[15] Bräuer, Holm, *Pflicht* in: Handwörterbuch Philosophie. Hg. v. Wulff D. Rehfus. 1. Aufl., Vandenhoeck & Ruprecht / utb. ISBN 978-3-8252-8208-0. © 2003 Vandenhoeck & Ruprecht GmbH & Co. KG, Göttingen, Oakville; Online-Version: http://www.philosophie-woerterbuch.de/online-woerterbuch/?tx_gbwbphilosophie_main%5Bentry%5D=905&tx_gbwbphilosophie_main%5Bacti on%5D=show&tx_gbwbphilosophie_main%5Bcontroller%5D=Lexicon&cHash=2e027c04ad146e 0cda79b8e0a8f7e949.

[16] Ebd.
[17] Ebd.

Ewing beschreibt in seinem Buch, dass auch der Utilitarismus den Begriff der Pflicht benutzt.[18] Gemeint sie die Pflicht mit allem Handeln möglichst viel Gutes bei jeder Gelegenheit für die Gesamtheit der Menschen hervorzubringen. Dabei gelten Lust und Glück als das einzig Gute.[19]

Jeder Mensch sei dabei verpflichtet in seinen Möglichkeiten das Gesamtwohl zu verbessern, solange er sich selber in keinem moralisch relevanten Maße dabei einschränkt.[20]

Das Problem, dass dabei auftreten kann ist nach Ewing jenes, dass die Missachtung von Moral in Einzelfällen zugunsten des Utilitarismus zu Unfairness führt und dadurch das allgemeine Glück gefährdet wird. Da jeder Mensch Glück anders wertet ist eine Kalkulation des Glücks ohnehin problematisch.[21]

Tugenden werden hier also instrumentalisiert um das größte Glück für die Gesamtheit von Menschen zu erreichen. Das Individuum tritt zurück und sieht sich gezwungen vor jeder moralisch relevanten Handlung, also beinahe jeder Handlung eine Kalkulation durchzuführen.

Ich halte dieses Unterfangen bei schwerwiegenden moralischen Entscheidungen, mit schwer durchschaubarem Ausgang für einen normalen Menschen, für nicht durchführbar. Kaum eine Handlung könnte tugendhaft getroffen werden, zudem dürfte es schwer umsetzbar sein, einen Menschen für das allgemeine Wohl handeln lassen zu wollen, wenn dieser vornehmlich Entscheidungen zugunsten von sich selbst und Menschen die in seinem engeren Umfeld sind trifft.

Weiterhin ist zu beachten, dass dem Utilitarismus Quantität vor Qualität gestellt ist. So müsste ein langes, durchschnittlich lustvolles Leben, einem leicht kürzeren aber deutlich lustvollerem Leben vorgezogen werden.[22] Dies ist problematisch, auch wenn wir davon absehen, dass wir keine Grundlage haben, in lustvoll und weniger lustvoll zu unterscheiden. Wir können nicht sagen welche Tugend für den einzelnen mehr Gewicht hat, noch welche als Handlungsgrundlage mehr Nutzenmaximierung für Alle verspricht.

---

[18] Ewing, Alfred Cyril, *Ethik. Eine Einführung*, Felix Meiner Verlag: München, 2014, S.39 f.
[19] Ebd.
[20] Ewing, 2014, S.41 f.
[21] Ewing, 2014, S.43 ff.
[22] Ewing, 2014, S.46 ff.

So sehe ich hier mehrere theoretische Ansätze, für den Umgang mit Moral und Tugend. Augenscheinlich hat der jeweilige ethische Standpunkt des Handelnden Individuums Auswirkung auf Motivation und Wirkung seiner taten. Diese verschiedenen Standpunkte, sind in ihrer Theorie nicht unproblematisch und lassen einen Menschen daher meist unwissend zurück.

Nähern wir uns nun der angewandten Philosophie zu stellen wir fest, dass diese Überlegungen eine untergeordnete Rolle spielen. Das moralisch richtige Handeln eines Menschen ist, beispielsweise in der klinischen Ethik bereits festgegeben. Sehen wir uns dazu, den Rahmen an innerhalb dessen wir uns dabei bewegen.

3.2 Klinische Ethik

Das Positionspapier „Therapiezieländerung und Therapiebegrenzung in der Intensivmedizin" der Sektion Ethik der DIVI formuliert ebensolche Rahmenbedingungen an die es sich zu orientieren gilt.[23] Ich möchte den Leitfaden dieses Positionspapiers Nutzen um die Bereiche abzutasten, in denen von philosophischer Sicht aus tugendhaftes Verhalten abgeschätzt werden muss, um vor allem in beratender Rolle zu agieren.

Zuvor möchte ich aber die vier Prinzipien abhandeln, die es in Einklang zu bringen gilt, wenn es um die Behandlung eines Patienten gilt. Diese Prinzipien entstammen dem Unterricht des Seminars.

Als erstes finden wir den Punkt der Autonomie. Die Selbstbestimmung des Patienten soll gewahrt werden. Ich halte es für wichtig und korrekt diesem Punkt eine hohe Priorität zuzuschreiben. Ein Patient steht stets der Gefahr gegenüber seinen Ärzten ausgeliefert zu sein. Diese Situation sollte stets gemieden werden, indem der Patient über seine Behandlung aufgeklärt und beraten wird. Außerdem sollte zwischen beiden Parteien eine Kommunikation auf Augenhöhe stattfinden. Ein Hinwegsetzen des Arztes über die Wünsche eines Patienten ist logischerweise nicht erwünscht.

---

[23]

http://www.divi.de/images/Dokumente/Empfehlungen/Therapiezielaenderung/Positionspapier_Ethik_2012.pdf.

Der zweite Punkt wird damit schon angeschnitten und zwar das Prinzip der Fürsorge. Es definiert die Aufgabe eines Arztes darauf, den gesundheitlichen Zustand des Patienten zu bessern und sein Wohl als Ziel zu haben. Ich halte es für relevant, den Patienten dabei nicht nur als Objekt zu betrachten das geheilt werden muss, sondern neben der Krankheit auch den Menschen dahinter zu behandeln.

Wieder eng verflochten damit, ist das dritte Prinzip des Nichtschadens. Ein vorsätzliches Schaden des Patienten durch falsche oder mangelnde Behandlung ist unangebracht. Auch die Abwesenheit einer Tat sollte meiner Meinung nach als nicht-tugendhafte Tat gelten, wenn es keinen triftigen Grund gibt diese Tat zu unterlassen.

Als vierten und letzten Punkt wird die Gerechtigkeit benannt. Diese umfasst wohl das Verhältnis von Arzt zu Patient, aber auch jene Verhältnisse die der Patient zu Freunden und Familie hat. Vor allem aber sehe ich die Frage nach der Gerechtigkeit, im Bereich der Organspende.

Diese vier Hauptprinzipien könnten wir auch die Tugenden der klinischen Ethik nennen. Summiert ergeben sie das Patientenwohl. Dieses zu wahren ist das höchste Ziel der klinischen Ethik und das moralische Handeln aller Beteiligten sollte immer versuchen diese Tugenden in Einklang zu bringen.

Sehen wir uns nun das Positionspapier für die Umsetzung an.

3.2.1 Entscheidungsfindung für eine Behandlung

Damit eine Behandlung stattfinden kann, muss zum einen eine notwendige Indikation vorliegen und zum anderen müssen alle darauffolgenden Behandlungsmaßnahmen dem Patientenwillen entsprechen.[24]

Um festzustellen welche Therapiemaßnahmen ergriffen werden, muss ein Therapieziel bestimmt werden. Diese Maßnahmen können indiziert, zweifelhaft, nicht indiziert oder kontraindiziert sein und müssen dem Patienten vorgestellt und mit ihm diskutiert werden.[25]

Der Wille des Patienten ist also fest in das Verfahren eingebunden. Die Tugenden der Autonomie und der Fürsorge treten hier in den Vordergrund.

---

[24] http://www.divi.de/images/Dokumente/Empfehlungen/Therapiezielaenderung/Positionspapier_Ethik_2012.pdf, S.4.
[25] Ebd.

9

Um den Willen des Patienten festzustellen sieht das Positionspapier mehrere Szenarien voraus. Das des einwilligungsfähigen Patienten, dieser kann nach seinen Wünschen befragt werden.[26]

Ist dieser günstige Fall nicht vorliegend, so wird nach der gültigen Patientenverfügung des Patienten verfahren. Sein zuvor festgehaltener Wille wird also schriftlich befolgt.[27]

Fehlt diese schriftliche Verfügung, so wird auf eine Betreuerperson verwiesen die als Stellvertreter für den Patienten eintritt. Dies kann ein staatlicher Betreuer oder eine vom Patienten benannte Person sein. Die Aufgabe ist es im Sinne der Tugend der Fürsorge für den Patienten Entscheidungen zu treffen und dessen restliche Autonomie zu wahren. Der Stellvertreter hat ebenso das Recht, in risikobehaftete Verfahren einzuwilligen.[28] Daher sollte er die Tugend des Nichtschadens im Auge behalten.

Ist kein Stellvertreter vorhanden ist als bald wie möglich einer zu beordern. Bis zu diesem Zeitpunkt ist es Sache der Ärzte den Patienten nach seinem mutmaßlichen Patientenwillen zu behandeln.[29] Dabei sollten dieselben Maßstäbe an den Tag gelegt werden, wie auch zuvor für den regulären Stellvertreter beschrieben.

Diese Art von Vorgehen halte ich für sinnvoll. Zunächst wird ein Therapieziel bestimmt. Dies geschieht so eng wie möglich im Austausch mit dem Patienten zusammen. Dabei wird vor allem auf geschultes Personal oder auf Menschen gebaut, welche in engen Kontakt mit dem Patienten stehen.

Die Autonomie des Patienten bleibt zumindest so lange erhalten, wie alle anderen involvierten Personen sich an diese Vorgaben halten. Ein Hinwegsetzten über einen nicht entscheidungsfähigen Patienten liegt im Bereich des Möglichen. Ich sehe aber keine Möglichkeit dies weiter zu verhindern. Kommunikation zwischen allen Beteiligten und Kontrollen von Instanzen sollten allerdings verhindern, dass das Nichtschadens-Prinzip umgangen und die Fürsorge des Patienten missachtet wird.

---

[26] http://www.divi.de/images/Dokumente/Empfehlungen/Therapiezielaenderung/Positionspapier_Eth ik_2012.pdf., S.5.
[27] Ebd.
[28] Ebd., S.6.
[29] Ebd., S.7.

So denke ich, ist hier ein gerechtes Verfahren entwickelt worden um deutlich zu machen, auf welche Art ein Patient behandelt wird und welches Ziel mit dieser Behandlungsmethode erreicht werden soll.

3.2.2 Zulassen des Sterbens

Diese Therapiemaßnahmen sind zunächst noch kurativ, sie arbeiten also auf das Therapieziel hin, den Patienten zu heilen. Ist im Zuge der Behandlung dieses Ziel nicht mehr zu erreichen, wird eine palliative Therapiebegrenzung mit Symptomkontrolle vorgeschrieben.[30]

Die Therapiebegrenzung sieht vor, den Sterbeprozess nicht zu verlängern und im Zuge dessen auf Vorgehensweisen zu verzichten die dies bewirken würden. So können bestehende kurative Maßnahmen reduziert werden oder auch technische Organ- und Kreislauf-Unterstützung unterbunden werden.[31]

Unter der Symptomkontrolle wird vor allem die Tugend der Fürsorge hervorgehoben. Die lindernde palliative Therapie sieht weiterhin vor, dass der Patient menschenwürdig behandelt wird und eine Linderung seiner Symptome erfährt. Sowohl psychische als auch physische Leiden werden weiterhin behandelt. Auch das „Stillen von subjektiv vorhandenem Hunger und Durst"[32].

Diesen Punkt halte ich für kontrovers. Die Ernährung durch eine Magensonde beispielsweise, könnte als lebensverlängernde Maßnahme gelten und nicht nur als Behandlung eines Symptoms. Zumal der Fall vorliegen kann, Das ein Hungergefühl wie wir es kennen nicht vorliegt. Ich gehe daher davon aus, dass eine künstliche Ernährung nur dann aufrechterhalten wird, wenn die Chance besteht ein kuratives Therapieziel zu erreichen.

Nachdem die Therapiebegrenzung und die Symptomkontrolle festgelegt sind geht es um die Umsetzung. Vorgesehen ist die Wahrung der Würde des Patienten,[33]wenn also seine Autonomie fast nicht mehr erfahrbar ist und eine Fürsorge nicht mehr zielführend, so wird noch immer tugendhaft darauf geachtet

---

[30] http://www.divi.de/images/Dokumente/Empfehlungen/Therapiezielaenderung/Positionspapier_Ethik_2012.pdf, S.8.
[31] Ebd., S.8 f.
[32] Ebd., S. 9.
[33] Ebd., S. 10.

dem Patienten keinen unnötigen Schaden zuzufügen und ihn somit gerecht zu behandeln.

Es ist festgelegt, welche Aktionen der Sterbebegleitung juristisch und ethisch legitimiert sind. So sind alle beteiligten über das Verfahren aufgeklärt, stehen aber in ihren rechten hinter dem Wohl des Patienten zurück.[34]

So scheint mir auch hier wieder ein sinnvolles Vorgehen entwickelt worden zu sein. Nach der Feststellung, dass von kurativer Behandlung auf palliative umgestiegen wird, sind nachvollziehbare Schritte durchzuführen um den Sterbeprozess des Patienten zu begleiten. Welches Verhalten das moralisch richtige ist, wird dabei stets festgehalten. Die vier Tugenden der klinischen Ethik bleiben gewahrt, sodass jeder informierte Beteiligt sich seines Handelns bewusst sein kann.

3.2.3 Kommunikation als Schlüsselelement

Vorgesehen ist für all diese Schritte eine gelungene und rege Kommunikation. Wie schon erwähnt soll für jedes Vorgehen der Austausch zwischen allen betroffenen möglichst groß sein.

Die Kommunikation zwischen Ärzten untereinander muss gewährleistet sein. Ärzte dürfen nicht falsche oder zweifelhafte Entscheidungen fällen, aus Angst vor einem Austausch mit Kollegen oder der Kritik an solchen. Auch über den Kreis der Ärzte hinaus ins multiprofessionelle Team sollte diese Atmosphäre hergestellt werden.[35]

Aber auch Angehörige dürfen bei den verfahren nicht übergangen werden. Es ist wichtig, dass jederzeit alle Personen einen Wissensstand teilen und nicht nur eingeschränkt über Ereignisse informiert werden. Wie also schon zuvor zwischen Arzt und Patient ist hier eine symmetrische Kommunikation erwünscht.[36]

Sollten Unklarheiten bestehen, so darf nicht vergessen werden, dass jederzeit Recht darauf besteht eine Ethik-Fallberatung einzuleiten um Vorgehensweisen zu erklären und in einer interdisziplinären Diskussion zu erörtern.[37]

---

[34] Ebd., S.11.
[35] Ebd., S. 11 f.
[36] Ebd. S. 12.
[37] Ebd. S.13.

4. Resümee

Wie ist denn nun die Tugend zu verstehen und wie wird in klinischen Kontexten mit ihr umgegangen?

Nun, Tugend beschreibt das moralisch anerkannte und richtige Verhalten eines Menschen. Der Mensch soll nicht nur theoretisch überzeugt von diesen Tugenden sein, sondern sie auch umsetzen wollen. Im klinischen Kontext allerdings, scheint es zu genügen die juristisch anerkannten Grundlagen zu befolgen. Eine kritische Auseinandersetzung mit Problemen ist immer ihm Rahmen der gesetzlichen Gegebenheiten gefasst.

So spielt es keine Rolle, ob das Patientenwohl förderlich für das größte Glück der größten Zahl ist, oder ob es meiner Maxime entspricht. Tugend in der klinischen Ethik hat seinen Platz, doch eher in der beratenden und bildenden Funktion. In der Therapie an sich, wird sich aber an die Regeln gehalten die bestehen.

Wenn ich als Philosoph etwas an dieser Rollenverteilung ändern möchte, so nutzt eine Debatte mit einem Arzt nicht viel. Stattdessen müsste an der Gesetzgebung angesetzt werden, nach jener auch der Arzt handelt. Nur so ließen sich die ethischen Richtlinien neu verschieben, wenn man das den möchte.

Ich finde es jedoch gut, dass vor allem im Feld der Beratung die klinische Ethik als Disziplin der Philosophie ihren Platz gefunden hat und es erscheint mir wichtig dieses Angebot zu bieten.

5. Literaturverzeichnis

- Ewing, Alfred Cyril, *Ethik. Eine Einführung*, Felix Meiner Verlag: München, 2014.

- http://www.duden.de/rechtschreibung/Tugend, [19.03.17].

- http://www.duden.de/rechtschreibung/Moral, [19.03.17].

- Zwenger, Thomas, *Tugend* in: Handwörterbuch Philosophie. Hg. v. Wulff D. Rehfus. 1. Aufl., Vandenhoeck & Ruprecht / utb. ISBN 978-3-8252-

8208-0. © 2003 Vandenhoeck & Ruprecht GmbH & Co. KG, Göttingen, Oakville; Online-Version: http://www.philosophie-woerterbuch.de/online-woerterbuch/?tx_gbwbphilosophie_main%5Bentry%5D=905&tx_gbwbph ilosophie_main%5Baction%5D=show&tx_gbwbphilosophie_main%5Bco ntroller%5D=Lexicon&cHash=2e027c04ad146e0cda79b8e0a8f7e949, [19.03.17].

- Bräuer, Holm, *Pflicht* in: Handwörterbuch Philosophie. Hg. v. Wulff D. Rehfus. 1. Aufl., Vandenhoeck & Ruprecht / utb. ISBN 978-3-8252-8208-0. © 2003 Vandenhoeck & Ruprecht GmbH & Co. KG, Göttingen, Oakville; Online-Version: http://www.philosophie-woerterbuch.de/online-woerterbuch/?tx_gbwbphilosophie_main%5Bentry%5D=905&tx_gbwbph ilosophie_main%5Baction%5D=show&tx_gbwbphilosophie_main%5Bco ntroller%5D=Lexicon&cHash=2e027c04ad146e0cda79b8e0a8f7e949, [19.03.17].

- http://www.divi.de/images/Dokumente/Empfehlungen/Therapiezielaender ung/Positionspapier_Ethik_2012.pdf, [20.03.17].

BEI GRIN MACHT SICH IHR WISSEN BEZAHLT

- Wir veröffentlichen Ihre Hausarbeit, Bachelor- und Masterarbeit

- Ihr eigenes eBook und Buch - weltweit in allen wichtigen Shops

- Verdienen Sie an jedem Verkauf

Jetzt bei www.GRIN.com hochladen und kostenlos publizieren